하나님 안에서 먹고 기도하고 사랑하기 2

KIWY 청소년성경공부 학생용

GROWING IN GOD

좋은씨앗

키위 청소년 성경공부 시즌 원 ❷ 경건생활(학생용)

하나님 안에서 먹고 기도하고 사랑하기

1판 1쇄 발행_ 2010년 12월 15일
1판 13쇄 발행_ 2023년 6월 30일

지은이_ 이재욱, 문근식, 김용철
펴낸이_ 신은철
펴낸곳_ 좋은씨앗
출판등록_ 제4-385호(1999.12.21)
주소_ 서울시 서초구 바우뫼로 156, 양재동 MJ빌딩 402호
주문전화_ 02-2057-3041 주문팩스_ 02-2057-3042
페이스북_ facebook.com/goodseedbook
ISBN 978-89-5874-164-0 04230
ISBN 978-89-5874-161-9 (세트)

신앙 인격이 형성되는 청소년기에는 체계적인 성경 교육이 무엇보다 중요합니다. 그러나 안타깝게도 현장의 공과 교육은 그야말로 무너지기 직전의 상황처럼 보입니다. 어떤 특정한 프로그램이나 교재가 이러한 상황을 한번에 뒤집어놓을 수 있다고 여기는 것은 대단히 어리석은 일일 것입니다. 신앙 교육의 근간은 하나님의 은혜 안에 견고하게 뿌리내린 교육자들입니다. 성경은 하나님께서 교회에 사도와 선지자, 복음 전하는 자, 목사와 교사를 주셨다고 말합니다(엡 4:11). 그러므로 청소년 목회자와 교사들의 부단한 노력과 인고의 열정이 이 땅의 청소년들을 다시 일으키는 가장 중요한 밑거름이 될 것입니다.

교재는 그들이 손에 쥔 도구입니다. 도구는 얼마나 크고 화려하며 강한 것이냐가 아니라 손에 얼마나 알맞은 것이냐가 중요합니다. 다윗의 손에 잘 맞은 돌멩이 하나가 수많은 칼이나 창보다 골리앗을 쓰러뜨리기에 적합했듯이 말입니다. 〈*KIWY* 청소년 성경공부〉 시리즈는 책상이 아니라 현장에서 나온 교재입니다. 어떻게 하면 하나님의 귀한 말씀을 아이들에게 잘 먹일 수 있을지 오랜 시간 고민한 현장 사역자들의 수고가 담긴 교재입니다. 오랜 시간 동안 장인의 손으로 매만진 도구입니다.

이 교재를 집어든 현장 동역자들이 손에 딱 맞는, 그래서 내 몸의 일부처럼 움직일 수 있는 편안한 도구를 만나는 반가움을 경험할 수 있다면, 저희 집필진들에게 더할 나위 없는 기쁨이 될 것입니다. 부디 여러분과 이 돌멩이가 함께 난공불락처럼 보이는 신앙 교육에 대한 여러 도전들을 격파하는 귀한 하나님의 도구가 되기를 간절히 기도합니다.

_ 이재욱 목사

KIWY 청소년 성경공부 목표

- 청소년을 전인적 그리스도인으로 교육하고자 합니다.
- 공과만 충실하게 해도 학습, 세례, 입교 교육이 충분히 될 만큼 교리적, 실천적으로 균형 있는 신앙관을 제공합니다.
- 보다 쉽고 친근하게 주제에 다가갈 수 있도록 구성했습니다.
- 부족한 시간과 시설 때문에 고민하는 현장 교사들의 상황을 고려하며 대안을 제시합니다.

KIWY 청소년 성경공부 구성

본 교재는 교리탐구, 경건생활, 사회생활, 인물탐구 네 분야를 1년 48주에 걸쳐 3년 동안 교육하도록 구성되어 있습니다. 각 권은 12주 과정입니다. 선택적으로 사용할 수 있는 특별과정 교재 1권이 따로 제공됩니다.

- **교리탐구** – 그리스도인이라면 반드시 숙지해야 할 기본교리를 살펴보며 하나님과 나에 대해 알아갑니다.
- **경건생활** – 그리스도인으로서 추구해야 할 경건을 배우고 익히며 실천하도록 독려합니다.
- **사회생활** – 청소년 그리스도인들이 세상에서 부딪히는, 또 앞으로 부딪힐 필수적인 실천 주제들에 대해 성경적인 관점을 확고하게 정립합니다.
- **인물탐구** – 성경의 주요 인물을 성경의 큰 흐름에 따라 살펴보며 하나님이 어떻게 각 사람의 인생에 개입해 큰 그림을 만들어가시는지 배웁니다.
- **특별과정** – 개 교회의 주요 행사 및 절기에 맞는 공과 진행을 돕습니다.

* 자세한 커리큘럼은 www.gsbooks.org를 참고해주세요!

하나! 공과 교재가 쉽다

공과 반은 다양한 수준의 학생들이 모여 있으므로 공과는 누구나 쉽게 접근할 수 있는 것이어야 합니다. 학생 수준에 따른 심화 교육은 리더훈련이나 제자훈련 같은 별도의 양육과정에서 하는 것이 바람직합니다.

둘! 길거나 복잡하지 않다

현장의 공과 환경은 공과를 오래 끌기에 무리가 많습니다. 적어도 30분 안에 끝낼 수 있도록 교재를 쉽고 단순하게 구성했고, 성경 본문을 별도로 찾을 필요가 없도록 문제와 함께 제시합니다.

셋! 다양한 주제들을 다룬다

쉽고 단순해도 청소년 시기에 분명히 다루어야 할 주제들을 교리탐구, 경건생활, 사회생활, 인물탐구 분야별로 풍성하게 다룹니다.

넷! 말씀 중심이다

분명한 말씀 전달 없이 주제 하나 놓고 어영부영 자기 생각만 나누다가 공과를 끝내서는 안 됩니다. 말씀만큼은 주입식 교육이 확실하게 이루어져야 합니다. 믿음은 '들음'에서 오지 '토론'에서 오지 않습니다.

다섯! 주제가 명료하다

귀납식 탐구 학습은 나름대로 장점이 있으나 현장의 제한된 환경에서 시행하기에는 다소 무리가 있습니다. 본 교재는 본문에서 얻는 교훈을 단순화해 적어도 한 가지 주제만은 분명하게 기억하도록 돕습니다.

여섯! 구체적인 실천 과제를 제시한다

공과가 생활 속 실천으로 이어지도록 구체적인 과제를 제시하고, 이를 통해 교사가 학생들을 주중에 심방하도록 구성했습니다.

일곱! 시선을 사로잡는다

한눈에 들어오고 청소년들의 취향에 적합한 디자인이 되도록 노력했으며 학습 의욕을 북돋는 삽화와 만화를 도입부에 수록했습니다.

C.O.N.T.E.N.T.S

session **01** _예배

하나님이 받으시는 예배, 따로 있다!

하나님은 영이시니 예배하는 자가 영과 진리로 예배할지니라(요 4:24).

OPEN MIND 오픈마인드

대기업의 CEO라면 어떤 신입사원을 뽑고 싶은지 말해보세요.

● 내가 CEO라면 ________________(하는) 사원을 뽑을 테야!

1. 기준에 맞지 않는 예배를 드릴 때 하나님은 어떻게 하십니까?(창 4:3-5)

창세기 4:3-5 [3] 세월이 지난 후에 가인은 땅의 소산으로 제물을 삼아 여호와께 드렸고 [4] 아벨은 자기도 양의 첫 새끼와 그 기름으로 드렸더니 여호와께서 아벨과 그의 제물은 받으셨으나 [5] 가인과 그의 제물은 받지 아니하신지라 가인이 몹시 분하여 안색이 변하니.

2. 예수님은 하나님이 찾으시는 예배의 기준을 분명히 밝혀주셨습니다. 그 기준은 무엇입니까?(요 4:23-24)

요한복음 4:23-24 [23] 아버지께 참되게 예배하는 자들은 영과 진리로 예배할 때가 오나니 곧 이 때라 아버지께서는 자기에게 이렇게 예배하는 자들을 찾으시느니라 [24] 하나님은 영이시니 예배하는 자가 영과 진리로 예배할지니라.

3. 하나님께 '영'(spirit)으로 예배한다는 말에는 다양한 의미가 있습니다. 다음 중 그 의미에 적합한 것을 모두 골라보세요.

1) 성령의 인도와 능력으로
2) 성령의 거룩함 안에서
3) 성령에 감동받은 척하면서
4) 성령에 합한 마음으로

4. 하나님께 '진리'(truth)로 예배한다는 말에는 다양한 의미가 있습니다. 다음 중 그 의미에 적합한 것을 모두 골라보세요.

1) 진리 되신 그리스도 안에서
2) 성경의 방법대로
3) 성경책을 가슴에 품고
4) 하나님을 진정하게 앎으로

핵심만 콕콕!

하나님은 영과 진리로 드리는 예배를 기뻐하십니다. 영으로 예배한다는 말은, 성령의 거룩함 안에서 성령의 인도와 능력을 따라 성령에 합한 온전한 마음으로 예배드리는 것을 의미합니다. 진리로 예배한다는 말은, 진리 되신 예수 그리스도 안에서 성경의 방법대로 하나님에 대해 진정으로 알며 드리는 예배를 의미합니다.

OPEN LIFE 오픈라이프

나눔 여러분이 영과 진리로 예배하는 데 방해되는 요소들이 있다면 무엇인지 각자 두 개씩 골라보고 얘기를 나눠보세요.

- □ 지각해서 분주한 마음
- □ 주중에 지은 죄
- □ 걱정과 염려
- □ 친구와의 다툼
- □ 찬양을 모름
- □ 졸려서
- □ 할 마음이 안 생김
- □ 귀차니즘
- □ 친구의 장난
- □ 이성친구
- □ 기타 ______________

실천 하나님이 기쁘게 받으시는 예배를 드리기 위해 가장 노력해야 할 부분을 한 가지씩 적어보고 다음 주 예배부터 꼭 실천해보세요.

영과 진리 안에서 거룩하고 온전한 마음으로 바르게 예배드리도록 도와주세요.

session **02**_말씀

백 번 고민하기보다 한 번 배워라!

베뢰아에 있는 사람들은 데살로니가에 있는 사람들보다 더 너그러워서
간절한 마음으로 말씀을 받고 이것이 그러한가 하여 날마다 성경을 상고하므로(행 17:11).

OPEN MIND 오픈마인드

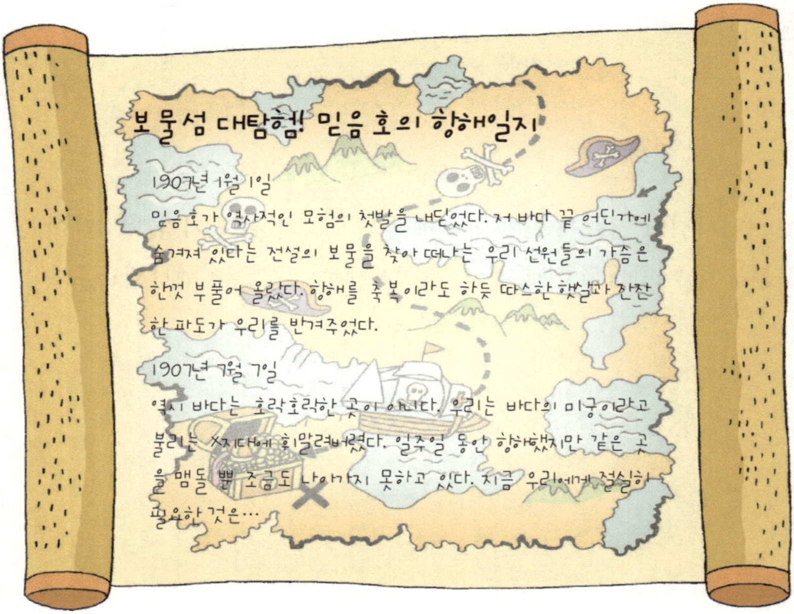

지금 믿음호에 가장 절실한 것은 무엇일까요? 그 이유는?

□ 유능한 항해사 □ 성능 좋은 나침반 □ 정확한 항해도
□ 솜씨 좋은 요리사 □ 길을 잘 아는 원주민 가이드
□ 기타 ______________

1. 성경을 여행하는 데도 꼭 필요한 것이 있습니다. 사도행전 8장에 등장하는 에디오피아 내시는 자신이 성경의 뜻을 잘 이해할 수 없었던 이유가 뭐라고 밝힙니까?(행 8:31)

사도행전 8:31 대답하되 지도해주는 사람이 없으니 어찌 깨달을 수 있느냐 하고 빌립을 청하여 수레에 올라 같이 앉으라 하니라.

2. 하나님은 성도가 말씀을 잘 이해하고 받아들일 수 있도록 교회에 어떤 사람들을 세우셨습니까?(엡 4:11)

에베소서 4:11 그가 어떤 사람은 사도로, 어떤 사람은 선지자로, 어떤 사람은 복음 전하는 자로, 어떤 사람은 목사와 교사로 삼으셨으니.

3. 사람을 통해 말씀이 선포될 때 우리는 어떤 자세로 그 말씀을 대해야 합니까?(행 17:11)

사도행전 17:11 베뢰아에 있는 사람들은 데살로니가에 있는 사람들보다 더 너그러워서 간절한 마음으로 말씀을 받고 이것이 그러한가 하여 날마다 성경을 상고하므로.

4. 들은 말씀이 진정 우리에게 유익한 것이 되려면 무엇이 가장 필요합니까?(히 4:2)

히브리서 4:2 그들과 같이 우리도 복음 전함을 받은 자이나 들은 바 그 말씀이 그들에게 유익하지 못한 것은 듣는 자가 믿음과 결부시키지 아니함이라.

핵심만 콕콕!

성경 말씀을 읽거나 들을 때 지도해주는 사람이 꼭 필요합니다. 그 일을 위해 하나님은 교회에 영적 지도자(목사님이나 전도사님, 교회학교 선생님)를 세워주셨습니다. 말씀을 바르게 이해하기 위해선 말씀을 간절한 마음으로 대하고 반복해서 묵상하고 연구해야 합니다. 그러나 아무리 말씀을 열심히 연구해도 믿는 마음이 없으면 아무 소용이 없습니다.

OPEN LIFE 오픈라이프

나눔 여러분은 목사님이나 전도사님, 교회학교 선생님이 성경 말씀을 가르쳐주실 때 믿음과 간절한 마음으로 받아들이고 있나요? 잘 받아들이지 못하고 있다면 이유가 무엇인지 솔직하게 얘기해보세요.

실천 오늘 예배 시간에 들은 설교 말씀의 주제와 내용을 간략하게 얘기해보세요. 잘 생각나지 않는다면 좀더 설교 말씀에 집중할 수 있는 방법을 생각하고 실천에 옮겨보세요.

겸손한 마음으로 하나님의 말씀을 잘 듣고 마음에 새기는 하나님의 자녀가 되게 해주세요.

session **03** _말씀묵상

밥은 안 먹어도 말씀은 먹는다!

이 율법책을 네 입에서 떠나지 말게 하며 주야로 그것을 묵상하여
그 안에 기록된 대로 다 지켜 행하라 그리하면
네 길이 평탄하게 될 것이며 네가 형통하리라(수 1:8).

OPEN MIND 오픈마인드

여러분은 힘들고 지칠 때 위로와 힘이 되는 성경 말씀이 있나요?

1. 하나님은 애굽을 떠난 이스라엘 백성이 하나님의 백성으로 바르게 살도록 하기 위해 그들에게 무엇을 주셨습니까?(신 30:9)

신명기 30:9 네가 네 하나님 여호와의 말씀을 청종하여 이 율법책에 기록된 그의 명령과 규례를 지키고 네 마음을 다하며 뜻을 다하여 여호와 네 하나님께 돌아오면.

2. 하나님은 이스라엘 백성을 데리고 가나안 땅으로 들어가려는 새 지도자 여호수아에게 무엇을 다시 일깨워주십니까?(수 1:8)

여호수아 1:8 이 율법책을 네 입에서 떠나지 말게 하며 주야로 그것을 묵상하여 그 안에 기록된 대로 다 지켜 행하라 그리하면 네 길이 평탄하게 될 것이며 네가 형통하리라.

3. 하나님은 여호수아가 하나님의 말씀에 순종하면 어떤 결과가 돌아올 것이라고 약속하셨습니까?(수 1:8, 참고 신 30:10)

여호수아 1:8 이 율법책을 네 입에서 떠나지 말게 하며 주야로 그것을 묵상하여 그 안에 기록된 대로 다 지켜 행하라 그리하면 네 길이 평탄하게 될 것이며 네가 형통하리라.

신명기 30:10 네 하나님 여호와께서 네 손으로 하는 모든 일과 네 몸의 소생과 네 가축의 새끼와 네 토지소산을 많게 하시고 네게 복을 주시되 곧 여호와께서 네 조상들을 기뻐하신 것과 같이 너를 다시 기뻐하사 네게 복을 주시리라.

핵심만 콕콕!

하나님은 우리에게 날마다 말씀묵상할 것을 명령하십니다. 그리고 그 명령을 따르는 사람에게 분명한 유익을 약속하십니다. 날마다 말씀을 묵상함으로 어려운 처지 속에서 위로를 얻고, 갈 길을 인도 받고, 세상과 싸워 이길 힘을 얻으며 성도답게 거룩해질 수 있습니다.

OPEN LIFE 오픈라이프

나눔 개인적으로 말씀을 묵상하기 위해 조용한 시간과 장소에서 경건의 시간을 갖는 것을 큐티(Quiet Time)라고 합니다. 이런 시간을 가져본 적이 있나요? 있다면 어떤 느낌이었는지 얘기해보세요.

실천 1 이번 주부터 큐티를 어떻게 할 것인지 구체적으로 계획을 세우고 실천해보세요.

나는 ________ 년 ____ 월 ____ 일 ____ 요일부터 ____ 시 ____ 분에
________ 에서 ________ 책으로 일주일에 ____ 회 이상
큐티 할 것을 나 자신과 약속합니다.

이름 ____________ (서명)

실천 2 이번 주에 20-21쪽의 '보너스 ❶'에 나오는 사례를 참고해서 마태복음 7장 7-12절 말씀으로 큐티하고, 다음 시간에 그 내용을 나눠보세요.

날마다 하나님의 말씀을 스스로 읽고 묵상하며 하나님의 인도하심을 경험하는 주님의 자녀가 되게 해주세요.

큐티, 어렵지 않아요!!

첫째, 시작 기도를 합니다. 모든 성경은 하나님의 감동으로 기록된 것이므로 말씀을 깨닫고 잘 이해하여 삶에 비추어볼 수 있도록 성령님의 도우심을 구하는 기도를 합니다.

둘째, 오늘의 본문을 천천히 읽습니다. 본문의 내용을 이해할 때까지 읽어야 하는데 적어도 세 번 이상 읽는 것이 좋습니다.

셋째, 본문을 깊이 관찰하고 묵상합니다. 본문에 나타난 하나님은 어떤 분인지, 내게 주시는 교훈 즉 명령, 죄, 책망, 경고, 약속 등은 무엇인지 찾아봅니다.

넷째, 네 가지 핵심원리(4P)에 따라 말씀을 삶에 적용합니다. 개인적으로(Personal), 구체적으로(Precise), 실제적으로(Practical), 증명할 수 있게(Provable) 말씀을 적용하는 것입니다. 언제, 어디서, 무엇을, 어떻게 할 것인가에 맞춰 적용하는 것도 좋습니다.

마지막으로, 마침 기도를 합니다. 적용한 것을 실천할 수 있도록 성령님의 도우심을 구합니다.

큐티, 이렇게 해봐요~

묵상한 사람 : 김씨앗(중 3)
묵상한 본문 : 사도행전 22장 17-30절
묵상한 말씀 : 사도행전 22장 19절

사울은 바울이 되기 전까지 예수님을 무척 핍박했던 사람이었다. 그러다가 그리스도인들을 잡기 위해 다메섹으로 가던 중에 예수님을 극적으로 만나 회개한다. 그 후 바울은 유대인과 공회 앞에서 자신의 잘못을 모두 인정하고 용서를 구한다. 오늘 본문을 읽으며, 잘못을 지적당했을 때 잘못을 인정하기는커녕 화내며 책임을 다른 사람에게 떠밀려고 했던 내 모습이 떠올랐다.

몇 주 전에 아주 친한 친구에게 내가 아는 남자애가 누군가를 좋아하고 있다는 이야기를 살짝 해주었다. 그런데 속상하게도 친구는 그 이야기를 다른 아이들에게 퍼뜨리고 다녔다. 더욱 어이없는 것은 그 남자애에게 가서 대놓고 “너 누구 좋아한다며?”라고 물은 것이다. 그 일로 나는 그 남자애와 크게 다투고 말았다. 너무나 화가 났다. 분명히 비밀이라고 했는데 그렇게 이야기를 퍼뜨리고 다니다니! 그 친구가 너무 밉고 배신감마저 들었다.

하지만 말씀을 묵상하면서 그 친구에게 비밀 얘기를 한 내 잘못이 가장 크다는 것을 느꼈다. 친구에게 잘못을 미루며 화내기보다는 남자애에게 먼저 진심으로 사과하기로 했다. 다행히 남자애는 사과를 받아들였고 우리는 다시 친해질 수 있었다.

“주님, 아무리 곤란한 상황에서도 늘 바울처럼 자신의 잘못을 용기 있게 인정하고 용서를 구할 줄 아는 하나님의 자녀가 되게 도와주세요.” ■

session **04**_기도

문제 해결의 핵심 열쇠!

아무것도 염려하지 말고 다만 모든 일에 기도와 간구로,
너희 구할 것을 감사함으로 하나님께 아뢰라(빌 4:6).

OPEN MIND 오픈마인드

지금 친구는 무슨 고민을 고백하려고 할까요? 아래 보기에서 두 개만 골라보세요(오래 생각하지 말고 바로 고르세요).

□ 이성 교제 □ 성적 저조 □ 대학 진학 □ 야동 중독 □ 게임 중독
□ 친구 관계 □ 흡연 □ 건강 □ 게으름 □ 왕따
□ 음주 □ 집안 경제 □ 학교 폭력 □ 가정 폭력 □ 성(性)
□ 부모님 이혼 □ 목적 없는 삶 □ 기타 ________

고민하는 친구에게 어떤 조언을 해주고 싶나요?

힘든 문제에 부딪혔을 때 걱정부터 들게 마련이지만 염려는 문제 해결에 아무런 도움이 되지 않습니다. 더욱이 문제 앞에서 믿음의 사람들은 다르게 행동할 수 있어야 합니다.

1. 성경은 여러 가지 삶의 문제로 염려하며 살아가는 우리에게 어떻게 하라고 말합니까?(빌 4:6)

빌립보서 4:6 아무것도 염려하지 말고 다만 모든 일에 기도와 간구로, 너희 구할 것을 감사함으로 하나님께 아뢰라.

2. 기도할 때 우리의 불안한 마음을 하나님이 어떻게 해주십니까?(빌 4:7)

빌립보서 4:7 그리하면 모든 지각에 뛰어난 하나님의 평강이 그리스도 예수 안에서 너희 마음과 생각을 지키시리라.

3. 기도하며 구하는 것들에 대해 하나님이 어떻게 해주겠다고 약속하십니까?(마 7:11)

마태복음 7:11 너희가 악한 자라도 좋은 것으로 자식에게 줄 줄 알거든 하물며 하늘에 계신 너희 아버지께서 구하는 자에게 좋은 것으로 주시지 않겠느냐.

4. 우리의 기도가 응답받지 못하는 가장 큰 이유는 무엇입니까?(약 4:3)

야고보서 4:3 구하여도 받지 못함은 정욕으로 쓰려고 잘못 구하기 때문이라.

핵심만 콕콕!

염려는 문제 해결에 아무 도움이 되지 않습니다. 믿음의 사람들은 염려하는 대신 기도해야 합니다. 기도할 때 불안과 걱정이 사라지고 평안과 확신을 누리게 됩니다. 하나님은 구하는 이에게 좋은 것만 주시는 분이기 때문에, 우리가 구하는 것이 합당하다면 반드시 응답해주지만 그렇지 않은 기도는 거절하십니다.

OPEN LIFE 오픈라이프

나눔 기도 응답을 받아본 적이 있다면 그 경험을 얘기해보세요.

실천 하나님은 우리의 기도에 응답해주겠다고 여러 말씀을 통해 약속하세요. 여러분이 하나님께 가장 구하고 싶은 것을 세 가지씩 얘기하고 서로를 위해 함께 기도합시다.

하나님, 도와주세요…

1) ____________________

2) ____________________

3) ____________________

염려를 다 내려놓고 오직 기도로 하나님 앞에 나아가 바르게 구하여 응답받고 감사드리는 하나님의 자녀가 되게 해주세요.

session **05** _찬양

우리가 존재하는 이유!

여호와의 이름을 찬양할지어다 그의 이름이 홀로 높으시며
그의 영광이 땅과 하늘 위에 뛰어나심이로다(시 148:13).

OPEN MIND 오픈마인드

비가 몹시 많이 내리는 밤이었다. 검은 하늘에 대여섯 개의 번개가 동시에 번쩍거리고 천둥소리도 고막을 찢을 듯 대단했다. 유독 겁이 많았던 나는 어릴 때부터 어둠과 천둥, 번개 같은 것을 무서워했다. 그런데 방 안에서 꼼짝하지 않고 앉아 벌벌 떨고 있는 내게 갑자기 하나님이 말씀하시는 것 같은 감동이 느껴졌다. "○○아, 바깥에 한번 나와봐라."

그 순간 어디서 용기가 났는지 나는 바깥으로 나가 하늘을 올려다보았다. 수많은 번개들이 한꺼번에 번쩍거리고 있었다. 그때 하나님은 이렇게 속삭이셨다. "저게 무엇인 줄 아느냐? 저 번개들은 나를 찬양하고 있는 거란다. 나의 위엄과 영광 때문에 구름들이 서로 부딪히고 저런 빛을 내며 나를 찬양하는 거란다. 뒤따라오는 천둥소리 역시 나를 찬양하고 있구나."

그 후로 나는 천둥과 번개가 더 이상 무섭지 않았다. 오히려 그것을 보고 듣는 것이 기쁨이 되었다.

하나님의 위엄과 영광을 느껴본 적이 있나요? 그때의 느낌과 감정을 얘기해보세요.

1. 찬양의 사전적 의미는 '아름답고 훌륭함을 기리고 드러냄' 입니다. 성경은 우리가 누구를 찬양해야 한다고 말합니까?(시 83:18, 시 148:13)

시편 83:18 여호와라 이름하신 주만 온 세계의 지존자로 알게 하소서.

시편 148:13 여호와의 이름을 찬양할지어다 그의 이름이 홀로 높으시며 그의 영광이 땅과 하늘 위에 뛰어나심이로다.

2. 우리가 오직 하나님만 찬양해야 하는 이유는 무엇입니까?(느 9:6, 시 27:1)

느헤미야 9:6 오직 주는 여호와시라 하늘과 하늘들의 하늘과 일월성신과 땅과 땅 위의 만물과 바다와 그 가운데 모든 것을 지으시고 다 보존하시오니 모든 천군이 주께 경배하나이다.

시편 27:1 여호와는 나의 빛이요 나의 구원이시니 내가 누구를 두려워하리요 여호와는 내 생명의 능력이시니 내가 누구를 무서워하리요.

3. 우리는 찬양하는 마음을 구체적으로 어떻게 표현할 수 있습니까?(엡 5:19)

에베소서 5:19 시와 찬송과 신령한 노래들로 서로 화답하며 너희의 마음으로 주께 노래하며 찬송하며.

핵심만 콕콕!

이 세상에서 찬양받기에 합당한 이는 하나님 한 분뿐입니다. 하나님만이 이 세상을 다스리는 창조주이고, 우리의 보호자이자 구원자이기 때문입니다. 우리는 이런 마음을 담아 노래하며 하나님을 찬양합니다.

OPEN LIFE 오픈라이프

나눔 여러분이 부르는 찬송에는 하나님을 진정으로 높이며 영광 돌리고자 하는 고백이 담겨 있나요? 그렇다면 혹은 그렇지 않다면 그 이유는 무엇인가요?

실천 이번 주에 친구 또는 선생님에게 부탁하거나 인터넷을 통해 새로운 찬양을 한 곡 배워보세요.

제 생활의 모든 영역에서 하나님을 높이며 찬양할 수 있게 해주세요. 마음의 중심을 담아 신령한 노래로 주님을 찬송합니다.

session **06**_헌금

주님을 향한 마음의 고백!

각각 그 마음에 정한 대로 할 것이요 인색함으로나 억지로 하지 말지니
하나님은 즐겨 내는 자를 사랑하시느니라(고후 9:7).

OPEN MIND 오픈마인드

여러분에게 헌금은 어떤 의미입니까?

1. 다윗은 성전 건축에 쓸 엄청난 예물을 하나님께 드리면서 놀라운 고백을 합니다. 어떤 고백입니까?(대상 29:14)

역대상 29:14 나와 내 백성이 무엇이기에 이처럼 즐거운 마음으로 드릴 힘이 있었나이까 모든 것이 주께로 말미암았사오니 우리가 주의 손에서 받은 것으로 주께 드렸을 뿐이니이다.

2. 다윗의 고백에는 단순히 '돈' 을 드리는 것 이상의 깊은 의미가 담겨 있습니다. 그 의미는 무엇입니까?(시 24:1)

시편 24:1 땅과 거기에 충만한 것과 세계와 그 가운데에 사는 자들은 다 여호와의 것이로다.

3. 성경이 말하는 올바른 헌금 자세가 있습니다. 우리가 어떻게 헌금할 때 하나님이 기뻐하십니까?(고후 9:5, 7)

고린도후서 9:5, 7 [5] 그러므로 내가 이 형제들로 먼저 너희에게 가서 너희가 전에 약속한 연보를 미리 준비하게 하도록 권면하는 것이 필요한 줄 생각하였노니 이렇게 준비하여야 참 연보답고 억지가 아니니라. [7] 각각 그 마음에 정한 대로 할 것이요 인색함으로나 억지로 하지 말지니 하나님은 즐겨 내는 자를 사랑하시느니라.

핵심만 콕콕!

헌금은 우리가 가지고 있는 모든 것이 하나님의 것임을 인정하고 선포하는 믿음의 고백입니다. 헌금은 마음에 정한 대로 미리 정성스럽게 준비하여 즐거운 마음으로 드려야 합니다. 그래야 신앙에 유익이 될 뿐 아니라 하나님이 우리의 헌금을 기쁘게 받고 응답해주십니다.

OPEN LIFE 오픈라이프

나눔 여러분이 올바른 마음과 자세로 헌금하는 데 가장 방해가 되는 요소는 무엇인가요?

실천 지금 나누어준 봉투 앞면에 여러분의 이름과 시편 24편 1절 말씀을 기록하고 그 밑에 서명을 하세요. 다음 주 헌금은 이 봉투에 넣어서 미리 준비해두세요.

하나님, 모든 것이 하나님의 것입니다. 제 것을 하나님께 드리는 것이 아니라 하나님이 제게 주신 것의 일부를 감사한 마음으로 드립니다.

session **07** _주일성수

선택이 아닌 필수!

안식일을 기억하여 거룩하게 지키라(출 20:8).

OPEN MIND 오픈마인드

주일예배를 드릴지 말지 갈등한 적이 있나요? 있다면 어떤 문제로 갈등했는지 얘기해보세요.

1. 하나님은 여섯째 날까지 세상 창조를 마치고 일곱째 날에 무엇을 하셨습니까?(창 2:2-3)

창세기 2:2–3 [2] 하나님이 그가 하시던 일을 일곱째 날에 마치시니 그가 하시던 모든 일을 그치고 일곱째 날에 안식하시니라 [3] 하나님이 그 일곱째 날을 복되게 하사 거룩하게 하셨으니 이는 하나님이 그 창조하시며 만드시던 모든 일을 마치시고 그날에 안식하셨음이니라.

2. 구약의 안식일은 원래 토요일이었지만 예수님을 통해 새로운 약속의 날로 바뀌게 되었습니다. 언제입니까?(막 16:9a, 행 20:7a)

마가복음 16:9a 예수께서 안식 후 첫날 이른 아침에 살아나신 후.

사도행전 20:7a 그 주간의 첫날에 우리가 떡을 떼려 하여 모였더니.

3. 하나님은 안식일을 어떻게 지키라고 명령하셨습니까?(출 20:8)

출애굽기 20:8 안식일을 기억하여 거룩하게 지키라.

핵심만 콕콕!

하나님은 일곱째 날을 복되고 거룩하게 하고 그날에 안식할 것을 명하셨습니다. 예수님의 부활을 통해 죄 사함 받는 길이 완성된 날은 우리 영혼에 진정한 안식일이 되었고, 그 후로 우리는 그날을 주일로 지키고 있습니다. 참된 주일성수는 예배, 기도, 말씀을 통해 주님의 부활을 기뻐하고 주님을 경배하며 하나님과 깊이 교제하는 것입니다.

OPEN LIFE 오픈라이프

나눔 여러분은 주일성수를 잘하고 있나요? 무엇이 주일예배와 경건생활에 가장 방해가 되고 있나요?

실천 하나님이 제정하신 주일(안식일)을 좀더 경건하고 의미 있게 보내기 위해 어떻게 노력할지 구체적인 방안을 적고 실천해보세요.

온전하고 거룩한 마음으로 주일을 지키고 하나님과 교제하며 진정한 영혼의 안식을 누리도록 도와주세요.

session 08 _성례

예수님과 하나 되기

그러므로 너희는 가서 모든 민족을 제자로 삼아
아버지와 아들과 성령의 이름으로 세례를 베풀고(마 28:19).

OPEN MIND 오픈마인드

여러분은 성례(세례와 성찬)를 뭐라고 생각하나요?

1. 세례(침례)는 누구의 이름으로 받아야 합니까?(마 28:19)

마태복음 28:19 그러므로 너희는 가서 모든 민족을 제자로 삼아 아버지와 아들과 성령의 이름으로 세례를 베풀고.

2. 성경에서 말하는 세례(침례)의 의미는 무엇입니까?(롬 6:4-5)

로마서 6:4-5 4 그러므로 우리가 그의 죽으심과 합하여 세례를 받음으로 그와 함께 장사되었나니 이는 아버지의 영광으로 말미암아 그리스도를 죽은 자 가운데서 살리심과 같이 우리로 또한 새 생명 가운데서 행하게 하려 함이라 5 만일 우리가 그의 죽으심과 같은 모양으로 연합한 자가 되었으면 또한 그의 부활과 같은 모양으로 연합한 자도 되리라.

3. 세례를 받은 하나님의 자녀가 떡과 포도주를 마시며 성찬(거룩한 식사)에 참여하는 의미는 무엇입니까?(고전 11:24-25)

고린도전서 11:24-25 24 축사하시고 떼어 이르시되 이것은 너희를 위하는 내 몸이니 이것을 행하여 나를 기념하라 하시고 25 식후에 또한 그와 같이 잔을 가지시고 이르시되 이 잔은 내 피로 세운 새 언약이니 이것을 행하여 마실 때마다 나를 기념하라 하셨으니.

4. 성경은 성찬에 어떠한 자세로 참여해야 한다고 말합니까?(고전 11:28-29)

고린도전서 11:28-29 28 사람이 자기를 살피고 그 후에야 이 떡을 먹고 이 잔을 마실지니 29 주의 몸을 분별하지 못하고 먹고 마시는 자는 자기의 죄를 먹고 마시는 것이니라.

핵심만 콕콕!

성례(聖禮)는 예수님이 직접 제정하신 거룩한 예식으로 세례(침례)와 성찬으로 구분됩니다. 세례(침례)는 예수님을 구주로 믿고 따르기로 결심한 사람이 받는 것으로 죄 사함, 예수님과의 연합, 예수님 안에서의 새로운 출발, 교회 공동체의 일원이 됨을 의미합니다. 성찬은 세례 교인이 자신을 살핀 후 떡과 포도주로 상징되는 예수님의 죽음과 구원의 은혜에 참여하는 의식입니다.

OPEN LIFE 오픈라이프

나눔 1 예수님을 주님으로 믿고 늘 하나님과 동행하고 있나요? 그렇다면 혹은 그렇지 않다면 그 이유는 무엇인가요?

나눔 2 입교를 준비하거나 세례(침례)를 받았을 때의 느낌, 받은 은혜가 있다면 얘기해보세요.

실천 세례받은 여부와 상관없이 다음 '성례전'(세례식이나 성찬식)에 참석하고 나서 그 소감을 나눠보세요.

예수님이 제정하신 성례를 귀하게 여기고 그 의미를 삶 속에 깊이 새기는 하나님의 자녀가 되게 해주세요.

session **09_교제**

우리를 묶어주는 튼튼한 끈

어느 때나 하나님을 본 사람이 없으되 만일 우리가 서로 사랑하면
하나님이 우리 안에 거하시고 그의 사랑이 우리 안에 온전히 이루어지느니라(요일 4:12).

OPEN MIND 오픈마인드

미국 캘리포니아의 세쿼이아 킹스캐니언 국립공원에는 '빅 트리'(Big Tree)라는 세계에서 가장 키가 큰 나무가 있습니다. 수명이 2500년 이상 된 이 나무는 높이 83미터, 둘레 31미터로 방 5개의 목조주택을 40채 정도 지을 수 있는 어마어마한 크기입니다.

이 엄청난 크기를 지탱하기 위해서는 얼마나 깊고 굵은 뿌리가 있어야 할까요? 놀랍게도 이 나무의 뿌리는 3-4미터 정도로 그리 깊지 않다고 합니다. 그럼에도 불구하고 온갖 자연의 변화와 강풍을 2500년 이상이나 견디어온 것입니다.

그 비결은 무엇일까요? 그것은 바로 빅 트리의 뿌리가 넓게 퍼져서 주변의 다른 나무들의 뿌리와 한데 엉켜 있기 때문입니다.

함께하기만 해도 힘이 되는 친구가 있나요? 가장 먼저 떠오르는 그 친구를 소개해보세요(이름을 말하지 않아도 돼요).

1. 예수님이 제자들에게 주신 새 계명은 무엇입니까?(요 13:34-35)

요한복음 13:34-35 [34] 새 계명을 너희에게 주노니 서로 사랑하라 내가 너희를 사랑한 것같이 너희도 서로 사랑하라 [35] 너희가 서로 사랑하면 이로써 모든 사람이 너희가 내 제자인 줄 알리라.

2. 우리는 공동체 안에서 하나님이 우리 가운데 거하며 우리를 깊이 사랑하심을 경험할 수 있습니다. 우리의 어떤 모습을 통해 그것을 경험할 수 있습니까?(요일 4:12)

요한일서 4:12 어느 때나 하나님을 본 사람이 없으되 만일 우리가 서로 사랑하면 하나님이 우리 안에 거하시고 그의 사랑이 우리 안에 온전히 이루어지느니라.

3. 하나님과 사람에 대한 사랑이 충만했던 초대교회 공동체는 구체적으로 어떤 모습이었습니까?(행 2:46-47)

사도행전 2:46-47 46 날마다 마음을 같이하여 성전에 모이기를 힘쓰고 집에서 떡을 떼며 기쁨과 순전한 마음으로 음식을 먹고 47 하나님을 찬미하며 또 온 백성에게 칭송을 받으니 주께서 구원 받는 사람을 날마다 더하게 하시니라.

핵심만 콕콕!

예수님은 제자 된 우리가 서로 사랑하기를 원하십니다. 하나님의 사랑을 받은 사람들은 반드시 서로를 사랑하는 구체적인 모습과 행동이 드러나야 합니다. 제자 된 우리가 서로 사랑할 때 하나님의 사랑이 우리 안에 온전히 이루어집니다.

OPEN LIFE 오픈라이프

나눔 사랑은 먼저 상대에게 관심을 가지고 알아가는 데서 출발합니다. 두 사람이 짝을 지어 아래 질문 중 하나를 택해 번갈아 질문하고 상대방의 대답을 발표해보세요.

- 가장 만나보고 싶은 사람은 누구인가요? 그 이유는?

- 가장 해보고 싶은 일은 무엇인가요? 그 이유는?

실천 공동체가 사랑으로 더욱 하나 되기를 바라는 마음으로 아래 보기 중에서 한 가지를 골라 결단하고 이번 주에 꼭 실천해보세요.

1) 같은 반 친구들에게 격려 문자를 보낸다.
2) 마음에 안 드는 친구를 위해 오히려 기도해준다.
3) 같은 반 친구들의 홈피를 방문해 인사를 남긴다.

하나님을 사랑하고 그 사랑으로 친구를 사랑하며 미운 친구도 끌어안을 수 있도록 도와주세요.

session **10**_성령

한 성령, 다양한 은사

각각 은사를 받은 대로 하나님의 여러 가지 은혜를 맡은 선한 청지기같이 서로 봉사하라(벧전 4:10).

OPEN MIND 오픈마인드

주일 아침입니다. 저는 예배가 시작되기 전 교회에 도착했어요. 찬양인도 선생님의 찬양과 함께 예배가 시작됩니다. 찬양인도 선생님은 어쩜 저렇게 찬양을 잘할까요? 정말 부러워요. ㅜ.ㅜ

찬양 후 통성기도 시간, 앞줄에서 알아들을 수 없는 말로 기도하는 소리가 들려옵니다. 희진이군요. 공부도 잘하고 매사에 똑 부러지는 아이인데 기도할 때는 전혀 다른 사람처럼 보여요. ^^;;

설교 시간입니다. 제가 가장 좋아하는 시간이죠. 솔직히 전엔 설교 듣다가 졸기도 했지만 새로 전도사님이 오고 나서는 완전히 달라졌어요. 정말 재밌고 감동적으로 말씀을 전하시거든요.

그래도 가끔은 성경 말씀이 정말 사실일까 하는 의심이 들 때가 있어요. 그럴 때마다 친구 영우가 부러워요. 언제나 흔들림 없이 말씀을 받고 실천하는 모습을 보면 또래 친구인데도 꼭 어른 같다는 생각이 듭니다. ^o^

저요? 글쎄요. 딱히 잘하는 게 없는 것 같은데…. 아! 친구들이 어려운 일이 있을 때마다 저를 자주 찾아오기는 해요. 이런 것도 은사일까요?

위 이야기에 등장하는 네 인물들의 강점을 얘기해보세요.

1. 은사는 누구의 뜻에 따라, 누구에게 주어지는 것인가요?(고전 12:11)

고린도전서 12:11 이 모든 일은 같은 한 성령이 행하사 그의 뜻대로 각 사람에게 나누어주시는 것이니라.

2. 은사하면 흔히 방언의 은사를 떠올리기 쉽습니다. 하지만 성경이 말하는 은사는 다양합니다. 고린도전서 12장에 나오는 은사를 모두 말해보세요(고전 12:8-10).

고린도전서 12:8-10 [8] 어떤 사람에게는 성령으로 말미암아 지혜의 말씀을, 어떤 사람에게는 같은 성령을 따라 지식의 말씀을, [9] 다른 사람에게는 같은 성령으로 믿음을, 어떤 사람에게는 한 성령으로 병 고치는 은사를, [10] 어떤 사람에게는 능력 행함을, 어떤 사람에게는 예언함을, 어떤 사람에게는 영들 분별함을, 다른 사람에게는 각종 방언 말함을, 어떤 사람에게는 방언들 통역함을 주시나니.

3. 성령님이 우리에게 은사를 주시는 목적은 무엇입니까?(고전 12:7, 벧전 4:10)

고린도전서 12:7 각 사람에게 성령을 나타내심은 유익하게 하려 하심이라.

베드로전서 4:10 각각 은사를 받은 대로 하나님의 여러 가지 은혜를 맡은 선한 청지기같이 서로 봉사하라.

핵심만 콕콕!

은사는 교회의 유익을 위해 서로 봉사하며 섬기라고 성령님이 그분의 뜻에 따라 각 사람에게 주시는 은혜의 선물입니다.

〈 50-51쪽의 '보너스 ❷'에 있는 은사표를 참조해서 대답해보세요.〉

나눔 여러 가지 은사 중에서 가장 받고 싶은 은사는 무엇인가요? 그 이유는?

실천 자신에게 어떤 은사가 있는지 적어보고, 한 주간 그 은사를 사용해 섬김을 실천해보세요.

- 나의 은사는 ________________________________

하나님, 제게 있는 은사를 발견할 수 있게 해주세요. 그 은사를 잘 써서 주변 사람들을 바르게 섬기며 사랑을 실천할 수 있도록 인도해주세요.

은사가 뭐예요?

(롬 12:6-8, 고전 12:8-10)

은사는 하나님이 선물로 주시는 '영적 능력' 이에요. 성령의 뜻에 따라 누구에게나 주어지는 것으로 사람마다 은사가 다양합니다.

은사	내용
가르침	듣는 이들의 삶이 더욱 예수님을 닮아갈 수 있도록 하나님의 말씀을 이해하기 쉽고 명확하게 설명하며 적용케 하는 능력
구제	하나님의 일을 위해 돈과 물자를 기쁜 마음으로 기꺼이 내놓는 능력
긍휼	동정을 행동으로 옮겨서 고통 받고 있거나 도움이 필요한 사람을 실제로 기꺼이 돕는 능력
능력	하나님을 영화롭게 하는 초자연적 방법을 통하여 하나님의 사역과 메시지를 확실하게 증거하는 능력
다스림(행정관리)	사역의 목표를 성취하기 위한 과정을 계획하고 수행하는 능력
믿음	목적을 이루어 나가는 하나님의 능력에 대한 확신과 철저한 신앙으로 하나님의 약속을 좇아 행하는 능력
방언	자신이 알지 못하는 언어로 말하고 예배하며 기도하는 능력

은사	내용
방언 통역	방언하는 사람의 메시지를 교회에 알리는 능력
병 고침	사람을 온전하게 회복시켜 하나님의 도구가 되게 하는 능력
섬김	하나님의 일을 완성하기 위해 여러 가지 도움이 필요한 경우에 뒤에 숨어서 그 일을 끝까지 돕는 능력
예언	이해, 바르게 함, 회개 혹은 덕을 세우기 위해서 진리를 드러내고 적절한 방법으로 진리를 선언하는 능력
위로	신앙을 버렸거나 용기를 잃은 사람들을 강하게 하며, 위로하고, 행동을 촉진하기 위해 진리를 제시하는 능력
지식	계시나 성경적 통찰을 통해 교회에 진리를 전하는 능력
지혜	영적 진리를 특별한 상황에 맞도록 효과적으로 적용하는 능력
영 분별	영을 분별하며 선악과 옳고 그름을 구별하는 능력

session **11** _섬김

축복의 통로!

누구든지 제자의 이름으로 이 작은 자 중 하나에게
냉수 한 그릇이라도 주는 자는 내가 진실로 너희에게 이르노니
그 사람이 결단코 상을 잃지 아니하리라(마 10:42).

OPEN MIND 오픈마인드

공부를 아주 잘하는 교포 학생이 있었습니다. 성적이 뛰어날 뿐 아니라 집안도 부유했던 그는 세계적인 명문으로 알려진 한 의과대학에 지원했습니다. 고등학교 성적뿐 아니라 입학시험 성적도 최고였기에 그의 입학은 이미 정해진 일처럼 보였습니다.

그런데 뜻밖에도 그에게 날아온 것은 불합격 통지서였습니다. 대학은 그 이유를 이렇게 설명했습니다. "모든 면에서 우수한 학생이지만 한 가지 조건이 빠져 있습니다. 헌혈을 했다는 기록이 어디에도 없군요. 남을 위해 단 한 번도 헌혈한 경험이 없는 학생이 환자를 돌볼 의사로서 자격이 있다고 볼 수 없습니다."

대학 측이 밝힌 탈락 이유에 대해 어떤 생각이 드나요?

1. 예루살렘으로 가는 길에 야고보와 요한은 예수님께 특별한 요청을 합니다. 그 요청은 무엇이었습니까?(막 10:37)

마가복음 10:37 여짜오되 주의 영광 중에서 우리를 하나는 주의 우편에, 하나는 좌편에 앉게 하여주옵소서.

2. 예수님은 야고보와 요한에게 세상의 원리를 따르지 말고 예수님의 원리를 따르라고 말씀하십니다. 예수님을 따르는 사람은 세상을 따르는 사람과 어떻게 다릅니까?(막 10:42-44)

마가복음 10:42-44 [42] 예수께서 불러다가 이르시되 이방인의 집권자들이 그들을 임의로 주관하고 그 고관들이 그들에게 권세를 부리는 줄을 너희가 알거니와 [43] 너희 중에는 그렇지 않을지니 너희 중에 누구든지 크고자 하는 자는 너희를 섬기는 자가 되고 [44] 너희 중에 누구든지 으뜸이 되고자 하는 자는 모든 사람의 종이 되어야 하리라.

3. 예수님은 자신이 이 땅에 온 목적이 무엇이라고 말씀하십니까?(막 10:45)

마가복음 10:45 인자가 온 것은 섬김을 받으려 함이 아니라 도리어 섬기려 하고 자기 목숨을 많은 사람의 대속물로 주려 함이니라.

핵심만 콕콕!

능력의 크기보다 더 중요한 것은 능력을 사용하는 사람의 마음과 자세입니다. 자신이 가진 능력으로 다른 사람을 섬기는 것은, 우리를 위해 자기 목숨을 대속물로 내주신 예수님의 삶을 본받는 것입니다. 하나님 앞에서 크고 으뜸으로 인정받는 자는 오히려 낮은 곳에서 섬기는 사람입니다.

OPEN LIFE 오픈라이프

나눔 다른 사람에게 섬김을 받아본 적이 있나요? 그때 기분이 어땠는지 얘기해보세요.

실천 거창하고 큰 일을 해야 섬김이 아닙니다. 작은 일도 큰 섬김이 될 수 있습니다. 주변 사람들을 섬길 수 있는 일을 한 가지씩 적어보고 한 주간 동안 실천해보세요.

1) 가정에서 ______________________________

2) 교회에서 ______________________________

3) 학교에서 ______________________________

세상에서 큰 자가 되려고 힘쓰기보다는 늘 하나님 앞에서 낮고 겸손한 마음으로 다른 사람들을 섬기며 예수님을 닮아갈 수 있도록 도와주세요.

session **12** _선교

세계를 품는 그리스도의 청소년!

오직 성령이 너희에게 임하시면 너희가 권능을 받고 예루살렘과
온 유대와 사마리아와 땅 끝까지 이르러 내 증인이 되리라 하시니라(행 1:8).

OPEN MIND 오픈마인드

프리드리히 2세가 다른 이들과 다르게 행동할 수 있었던 이유는?

1. 복음을 처음 접하는 사람들 중 대다수는 무관심 혹은 거부감을 나타냅니다. 그럼에도 우리가 끝까지 복음을 증거해야 하는 이유는 무엇입니까?(요 14:6, 마 28:19-20)

요한복음 14:6 예수께서 이르시되 내가 곧 길이요 진리요 생명이니 나로 말미암지 않고는 아버지께로 올 자가 없느니라.

마태복음 28:19-20 [19] 그러므로 너희는 가서 모든 민족을 제자로 삼아 아버지와 아들과 성령의 이름으로 세례를 베풀고 [20] 내가 너희에게 분부한 모든 것을 가르쳐 지키게 하라 볼지어다 내가 세상 끝날까지 너희와 항상 함께 있으리라 하시니라.

2. 우리는 누구에게 복음을 전해야 합니까?(마 28:19-20)

마태복음 28:19-20 [19] 그러므로 너희는 가서 모든 민족을 제자로 삼아 아버지와 아들과 성령의 이름으로 세례를 베풀고 [20] 내가 너희에게 분부한 모든 것을 가르쳐 지키게 하라 볼지어다 내가 세상 끝날까지 너희와 항상 함께 있으리라 하시니라.

3. 우리는 어떤 자세로 복음을 전해야 합니까?(딤후 4:2a, 행 20:24)

디모데후서 4:2a 너는 말씀을 전파하라 때를 얻든지 못 얻든지 항상 힘쓰라.

사도행전 20:24 내가 달려갈 길과 주 예수께 받은 사명 곧 하나님의 은혜의 복음을 증언하는 일을 마치려 함에는 나의 생명조차 조금도 귀한 것으로 여기지 아니하노라.

핵심만 콕콕!

복음 전파는 진리와 생명 되시는 예수님을 전하는 것이며, 그것은 예수님이 이 땅에서 주신 마지막 명령입니다. 우리는 모든 민족에게 복음을 증거하기 위해 항상 힘써야 하며 어떤 도전에도 굴하지 않고 담대히 맞서야 합니다.

OPEN LIFE 오픈라이프

나눔 여러분은 복음 전도에 힘쓰고 있나요? 믿지 않는 친구 중에서 이 자리에 꼭 초대하고 싶은 친구가 있다면 한번 소개해보세요.

실천 여러분의 교회는 어느 지역에, 어느 선교사님을 파송하고 있나요? 선교사님들의 사역을 도울 구체적인 방법을 생각해보고 한 가지씩 실천해봅시다.

1) 개인기도 시간에 선교사님들을 위해 기도한다.
2) 매월 일정 금액으로 후원한다.
3) 교회 단기선교에 참여한다.
4) 선교사님들을 도울 재정 후원자를 모집한다.
5) 기타 ______________________

세상의 모든 민족에게 복음을 전하는 일에 관심을 가지고 헌신하는 하나님의 자녀가 되게 해주세요.

다.세.연

www.daseyeon.org

다음세대를 섬기는 사람들의 연대(이하 다.세.연)는 다음세대가 하나님께서 주신 은사와 재능을 가지고 하나님의 부르심에 응답하며 행복한 삶을 살 수 있도록 섬기는 사람들의 연대 기구다.
2005년 결성된 이후로 서울 강남 지역의 중고등학교 캠퍼스 사역에 집중해 오던 다.세.연.은 하나님의 섬세한 계획 가운데 김용재 목사(前 NECTAR 대표 간사, 前 소망교회 청소년 팀장), 김정윤 목사(사랑의교회 청소년부서 디렉터), 김종설 목사(영동교회 청소년 팀장), 이재욱 목사를 비롯한 여러 청소년 사역 현장 전문가들이 한 뜻을 모으게 되면서 사역의 방향을 새롭게 전환하고 제2의 창립을 시도하게 되었다.
이제 다.세.연.은 특정지역과 대상에 국한되어 있는 사역의 한계를 넘어 전국 각지의 청소년 사역자, 교회 그리고 사역 단체들과 힘을 합하여 상대적으로 소외된 지역의 청소년 사역이 건강하게 이루어질 수 있도록 섬기고자 작은 발걸음을 내딛고 있다.

■ 주집필

이재욱 목사

청소년 사역자로서 쌓아온 십수 년 간의 현장 경험과 사역단체와 기관을 넘나드는 다양한 경력은 그의 저서와 강연이 많은 현장 사역자들의 공감을 얻는 이유다. 주님의교회 교육목사, 서대문교회 교육총괄목사를 거쳐 청소년 전문사역단체인 브리지임팩트사역원(BIM)의 창립 멤버로 BIM 캠프와 탱크청소년사역자학교, 전국청소년사역자 워크숍 등을 기획하고 진행했으며, BIM의 협력사역자이자 예장합동 총회교육개발원 집필위원으로 다수의 교육 자료 및 공과 집필에 참여했다. 현재 서울 대방중앙교회 담임목사로 섬기며 말씀에 철저히 헌신하는 공동체, 다음세대에 깊은 관심을 가진 공동체를 꿈꾸고 있다. 유스코스타(Youth KOSTA) 강사이며 저서로 「중고등부, 2년 안에 성장할 수 있다」, 「교사를 다시 일으켜 세우는 5가지 힘」(이하 좋은씨앗)이 있다. cteen@hanmail.net

■ 객원 집필

문근식 목사

총신대학교 신학과(B.A), 총신대학교 신학대학원(M.div.)을 졸업했고 국내와 호주를 넘나들며 15년 가까이 청소년들을 지도해왔다. 브리지임팩트사역원(BIM) 교재개발팀장으로, 예장합동 청소년 계절공과 집필위원으로도 활동했다. 현재 성서교회 청소년부 담당목사로 다음세대를 향한 사역에 매진하고 있다.

김용철 목사

장로회신학대학교 신학대학원(M.div.)과 연세대학교 교육대학원(M.A.)을 졸업했다. 주님의교회와 꿈꾸는교회를 거쳐 현재 신당중앙교회 중고등교육팀을 이끌며 사역하고 있다.